¡ESCRÍBELO!

El libro que tienes en mente puedes hacerlo realidad en solo 90 días.

JIM GULNICK, BSEE, MBA

LISETT GUEVARA, BSIE, MSIE, D.Ed.

90daysoulmate.com, LLC

New Jersey, USA

Diseño de la Cubierta: Rafael Guevara

Fotografia: Amer Chaudhry

New Jersey

www.amer-fotografia.net

www.90daybook.com

Corrección: Carolina González

www.carolinagonzalezarias.com/

ISBN: 978-1-941435-03-8

Editorial:

90daysoulmate.com, LLC

Dedicatoria

A nuestros hijos, Irene, Jessica y Alfredo, por ser parte de nuestra obra para guiar a otros a documentar su legado.

Por la paciencia y confianza de aceptar nuestro tiempo frente al computador y entender que nos restaron momentos de compartir en familia.

Confiamos en que ustedes también dejaran un hermoso legado que permita ayudar a otros.

Y simplemente por creer en nosotros….

Los amamos, Lisett & Jim

Table of Contents

Prólogo

Escribir tu libro en 90 días

El postergar cosas para «más tarde» es esa zona oscura y tenebrosa donde vive el *nunca jamás*, donde se genera una sensación de tener algo pendiente, que para algunos es motivador y para otros, frustrante. El «más tarde» es el lugar donde no existe el tiempo, es un lugar infinito donde colocamos todas aquellas cosas que creemos que no son importantes. Al «más tarde» a veces se le llama «luego», «cuando tenga tiempo», «ahora no es el momento». En fin, tiene muchos nombres, pero es el mismo lugar, ese donde acumulamos y acumulamos cosas, como esa habitación de la casa en la que vas arrumando lo que no crees importante y que no utilizas, pero que no desechas porque piensas que algún día lo podrías necesitar, hasta que llega el momento en que tratas de abrir la puerta y se te viene todo encima.

Queremos llevarte a imaginar esa habitación, la del «más tarde», donde guardamos una gran cantidad de sueños, proyectos, acuerdos, planes, compromisos, hasta parte de nuestra vida y salud, esperando ser rescatados para ponerlos en acción.

Para hacer una recreación más exacta de la escena, imagínate que vas corriendo por el pasillo frente a esa habitación. Necesitas algunas cosas que sabes que están en ese cuarto, pero no tienes tiempo para entrar y buscarlas. Entonces, simplemente caminas de un lado al otro de la casa quejándote, lamentándote de tu desdicha por no tener lo que deseas. Hasta sales a la calle a seguir buscando más de lo que ya tienes en casa guardado. Todo por no entrar a esa habitación y hacerle frente a ese gran monstruo del «más tarde» que se apoderó de todas tus ideas y proyectos.

Antes de entrar al plan práctico de los 90 días, es necesario que te liberes de esas ataduras que te tienen atrapado en un momento de no acción. Ese momento de inercia que paraliza tu creatividad, en el que las dudas, excusas, miedos y quejas se mezclan en tu cabeza debatiendo cuál es la razón de tu situación. Es un juego en el que la mente actúa como víctima de un *supuesto* entorno o sistema que te roba la creatividad, la innovación, la acción, y te convierte en un robot de la cotidianidad.

En este momento te estarás excusando diciendo: «Es que yo tengo cinco hijos que mantener, dos empleos, un perro, una empresa, una deuda en el banco, una enfermedad, estoy estudiando y trabajando». En fin, podría escribir miles de frases que rondan en tu mente y utilizas para no salir de lo cotidiano y sumergirte en el área de la creación, el área de la **acción no cotidiana**. Un espacio donde te puedes encontrar contigo mismo. ¿Será por eso que le huyes?

Nosotros podríamos explicarte muchas técnicas, métodos para el manejo del tiempo, pasar horas conversando contigo para tratar de guiarte a tomar acción, pero el primer paso que necesitas dar es el de asumir el *compromiso* contigo mismo de tener la *disciplina* para seguir las instrucciones que te vamos a ofrecer en este libro.

Cuando estamos adiestrando a los grupos en nuestros seminarios sobre cómo escribir un libro en 90 días, nos asombramos del caudal de valiosa y maravillosa información que existe en la mente de los participantes. Información que danza en sus pensamientos y fluye de alguna forma en sus discursos, pero que el intentar llevarla a un documento entendible para el público se convierte en una tarea difícil. Hemos encontrado gran cantidad de artistas, románticos, filósofos, psicólogos y hasta técnicos que están enamorados de sus ideas, pero que no consiguen iniciar el proceso de documentarlas para su fácil asimilación por parte del lector.

Es cuestión de comenzar, es así de simple. Es sentarse con la mente fresca a desarrollar contenido, dejar que la mente fluya sin tener que forzarla. **Cuando el placer de lo que haces se apodera de tu conciencia es cuando la creatividad y la innovación emergen para que tus ideas sean ensambladas, empaquetadas, etiquetadas y transportadas a la mano del consumidor.**

Recuerda que el principal enemigo de la improductividad eres tú mismo. Cuando tú crees realmente que posees la información, que tienes las ideas, que cuentas con la habilidad de conectar el conocimiento, que tu experiencia, habilidades y talentos son únicos, es cuando tu creencia te dará la energía y el poder para la creación. *Si no te la crees, no puedes crear.*

Todo está en tus creencias. Puede ocurrir que en este momento ellas no estén totalmente claras y entonces comiencen a debatir entre ellas, colocando una creencia espiritual sobre una científica, o una creencia emocional sobre una racional. Total, que todas ellas batallan en búsqueda de la razón generando una parálisis de creatividad en tu vida.

Es asombroso cómo hemos realizado *coaching* a personas que buscan crear cosas, sean negocios, familia, proyectos, libros, hasta hijos, y en su mente y corazón tienen una lucha interna muy profunda que los bloquea y les impide seguir adelante, que produce un autosabotaje que los desmotiva y hasta los mueve a un estado de mayor inconsciencia para no tener que lidiar con ese gran complot acerca de qué es lo que deben creer.

Hablando de creencias, ¿por qué no comienzas por llamarte autor? Imagínate que en este momento vas a una reunión y conoces personas nuevas. Prueba a practicar presentándote como autor de un *best seller*, aunque todavía no hayas publicado tu primera obra. ¿Qué sensación te da? Es posible que miedo, ansiedad y sientas que es un autoengaño. El ser autor o escritor no precisa tener una carrera universitaria ni tampoco requiere tener una licencia, certificación, títulos, credenciales, etc. Entonces, comienza por creértela, <u>empieza por sentir la responsabilidad de ser un escritor</u>. ¿Por qué usamos la palabra responsabilidad? Porque el hecho de que tus ideas sean publicadas, leídas y seguidas por otras personas tiene que generarte la responsabilidad de manejar un buen contenido, una información que promueva valores, que procure bienestar, que genere conocimiento.

Por eso recalcamos la importancia de la responsabilidad. Si al inicio te sentiste cómodo cuando te dije que cualquiera puede ser un escritor, pues sí, es verdad, pero un **buen escritor** es otra cosa.

Nosotros realmente deseamos formar buenos escritores, personas creativas que puedan dar aportes al planeta, a la sociedad. Queremos que puedas dejar un legado que tanto tus hijos, nietos, familia, como la sociedad pueda apreciar, pues solo tú tienes ese conocimiento mezclado con tu experiencia y habilidad; solo tú has vivido situaciones únicas que pueden ayudar a que otros aprendan sin necesidad de sufrirlas o para que puedan disfrutarlas mejor. Evalúa todo lo tienes, determina la razón por la cual viniste a este planeta, y piensa en el vacío que pueda generar en ti, en este paseo que es vivir, el no dejar una huella.

El buen escritor

Este método que hemos creado e implementado ayuda a la construcción del proceso de creación de tu libro, mas no garantiza la calidad del contenido. Pero no te desanimes, pues cuando uses este método y exista el compromiso, la responsabilidad y la disciplina, podrás conectarte contigo mismo, y esa conexión con la fuente permitirá que fluya la calidad de la información. Eso sí, debes seguir las instrucciones que aquí te presentamos. Si lo haces, podemos apostar a que serás uno de esos buenos escritores.

No solo queremos motivarte a que cumplas tu meta de escribir tu libro, sino hacer que concientices el rol y la responsabilidad que está en tus manos para aportar ayuda y beneficios a muchas otras personas a través de la generación de conocimiento.

Generar conocimiento implica varias técnicas que serán descritas en este libro, de forma tal que puedas tener un método en el cual apoyarte. Esto no significa que queramos ponerle una camisa de fuerza a tu creatividad; al contrario, queremos darte las herramientas necesarias para que puedas, con libertad, potenciar tu estilo, y descubrir tu arte. Muchos artistas y escritores famosos no siguieron lineamientos, ni técnicas, simplemente se dejaron llevar por la inspiración, y esa inspiración fue el motor para la creación. En otros casos se prepararon como lo estás haciendo tú ahora.

Es posible que tu inspiración te lleve a caminar por los laberintos de la ficción, lo cual no significa que no estés generando aportes al conocimientos de la sociedad, pues a través de esa ficción, de la fantasía, muchos genios lograron desarrollar grandes descubrimientos. Piénsalo, no hay límites, ve esta oportunidad como ese bálsamo que necesita tu vida para tener una terapia personal entre tu mente, tu corazón, tu alma y tu teclado.

Notas

Capítulo I

Técnicas para generar conocimiento.

Conoce tu inspiración.

La inspiración es como la musa que libera tu alma. Viene a ser el momento en que la intuición se mezcla con la razón, como dos instrumentos musicales que armonizan sus notas para generar una canción. Cuando la razón actúa sola, la inspiración puede ser muy mecánica, muy básica, poco atractiva. En el momento en que la lógica le da un espacio a la intuición, a esa parte de nuestra mente que no tiene un proceso lógico, pero que simplemente aparece, explota, dispara colores hacia todas partes, entonces, gentilmente la razón le da forma, sentido y la convierte en perfecta inspiración.

Descubrir qué te inspira va a ser la primera tarea que debes realizar, pues de allí podrás obtener la energía que vas a utilizar para cargar las baterías durante este recorrido. Debes visualizar un lugar en tu mente en donde están la intuición y la razón esperando por ti. Allí te sentarás con ellos a debatir el tema que te apasiona y que hace que tu mente se conecte a la fuente del conocimiento.

Cuando hablo de la fuente del conocimiento, me refiero a ese momento extraordinario cuando se te vienen esas ideas espontáneas, grandiosas, que te hacen sonreír y decir: ¡Sí!, eso es, para allá es el camino. Usualmente, en ese momento, la intuición te aplaude y te da una palmada en el hombro, mientras que la razón saca un palo de béisbol y la destruye diciéndote que eso ya existe, que no tiene lógica, que dejes de soñar y pases la página.

La fuente de conocimiento es un momento clave que podemos provocar si practicamos y le dedicamos tiempo a pensar, sentir y conectar. Como seres humanos tenemos el hemisferio izquierdo de la razón y el derecho de la intuición, pero también hay un lugar en el centro de nuestro cerebro que conecta a ambos. Es allí donde debemos enfocar nuestra atención y ponerlo a funcionar.

Para poder descubrir más sobre qué cosas te generan inspiración vamos a relacionarla con tu pasión, pues cuando descubres qué cosas te apasionan, te das cuenta de que cuando la pasión está presente la inspiración fluye de manera natural.

En el siguiente ejercicio práctico llenarás un formulario con el cual podrás tener una guía para comenzar a transitar. Responde las siguientes preguntas, tómate el tiempo para pensar bien y sé honesto con tu respuesta.

1) Piensa, ¿qué actividad realizas en la cual el tiempo pasa y tú no te das cuenta?

2) ¿Qué estarías dispuesto a hacer sin que te pagaran ningún centavo?

3) En este momento, ¿qué elegirías hacer para el resto de tu vida?

4) Si mueres y tienes la oportunidad de regresar ¿qué volverías a hacer?

5) ¿Qué actividades realizas que disparan tu creatividad y te emocionan?

6) Recuerda y escribe aquellos momentos en los que haces algo que te genera alegría, te hace brincar, te energiza y te produce felicidad.

Una vez que hayas respondido cada pregunta, busca un resaltador y marca las palabras claves de cada frase, Aquellas palabras o ideas que se repiten en las respuestas. Esto te ayudará para los siguientes ejercicios.

¿Por qué es importante conocer tus necesidades? Porque ellas tienen el poder mágico de construir o destruir cualquier sueño o proyecto si no te alineas con ellas. Las necesidades, según la tabla de Maslow, van desde las más básicas hasta las más elevadas, pero todas tienen mucho poder en nuestra vida.

Si estoy trabajando en algo que no cubre una de mis necesidades, es probable que lo haga con poca motivación, con poco optimismo. Esa situación no es buena para sentarme a crear y mucho menos para generar conocimiento. Como dice un sabio dicho: "Amor con hambre no dura", suena poco romántico, es verdad, pero es muy crudo y real. Si mis necesidades no están cubiertas, no podré tener esa inspiración, esa capacidad de generar buena información. Con esto no quiero decir que debo tener mi parte económica cubierta para poder inspirarme, no, no se trata de eso; como seres humanos únicos, cada quien tiene niveles de necesidad distintos. Aunque hayan sido caracterizadas y clasificadas por algunos psicólogos, las necesidades de una persona pueden ser muy distintas de las de otras. Tú has visto a maravillosos artistas de la calle cuya inspiración no ha mermado por su necesidad de alimento, vestido, etc. Para ellos, sus necesidades son otras y su inspiración y pasión se ven alimentados por el contacto con la naturaleza, hablar con la gente, mirar a los paisajes, los niños, los animales. En fin, ellos han encontrado su fuente de inspiración y se conectan y crean. Es posible que si a esos artistas les limitas su libertad, la posibilidad de sentir el ambiente, y los encierras, puede ser que hasta allí llegue su inspiración y creatividad.

Es importante que tú mismo encuentres cuáles son tus necesidades; esas que te pueden dar la tranquilidad para seguir tu camino, aquellas que de no tenerlas pudieras perder tu propio control. Recuerda que este proceso de escribir un libro, sin importar cuál sea la especialidad sobre la que deseas escribir, está muy relacionado con tu ser, con quién eres realmente y qué deseas expresar. Por eso es tan importante la realización de los ejercicios, pues te permitirán conocerte y descubrir esas habilidades, experiencias, conocimientos, actitudes que te hacen único y que harán único el libro que vas a escribir.

Quiero insistir en el descubrimiento de tus necesidades, pues así como tienen el poder de destruir un proyecto, también tienen el poder de empujarte a salir a la calle en búsqueda de lo que sea para satisfacerlas. Cuando cada mañana te levantas y sales, sea al trabajo, al colegio, al parque, a beberte un café o simplemente a respirar, detrás de todo eso hay una necesidad que tu cuerpo, tu mente y tu alma desean satisfacer. Cuando no sabemos cuáles son esas necesidades, podemos estar trabajando en lo que nosotros llamamos el *camino del medio*, en donde ni estamos al 100 % con una necesidad específica ni tampoco al 0 %. Cuando estás en este *camino del medio* algunas cosas que hagas se acercarán a cubrir tus necesidades a medias y otras no, pues desconoces cuáles son, y es allí donde la mediocridad, la desmotivación, y la no conexión con la fuente ocurre. Al momento de crear tu obra maestra, esta tendrá frases, ideas o palabras que no encajan, no armonizan y estarás en el grupo de los autores de libros corrientes que escriben algo, pero que no consiguen que los lectores lo sigan o que entiendan y valoren su contenido.

Hablando de valores, este es otro punto clave que debes descubrir en tu viaje hacia la transformación de tu vida a través de la escritura de tu libro. Muchos de nuestros clientes que han recibido nuestros seminarios o servicios personalizados relatan cómo el haber escrito el libro les permitió transformar una parte importante de su vida, pues la escritura y nuestro método los llevó a descubrir un área que desconocían y que fue la clave para disparar esa musa que los conectó directamente con la fuente y los llevó a tener los llamados «orgasmos intelectuales» de los que siempre hablamos.

Te invito a realizar el siguiente ejercicio y, como siempre, sé muy abierto en tus respuestas:

- Escribe una lista de cinco necesidades que consideres importantes para ti.
- Ordena la lista desde la más importante hasta la menos importante.
-

NECESIDAD	POSICIÓN DEL 1 AL 5

Una vez que hayas llenado el recuadro, piensa un poco cómo esa necesidad puede estar afectando, por ejemplo, lo que respondiste en la pregunta número dos del ejercicio anterior: qué necesidad te está frenando para lograr eso que hasta pudieras hacer sin paga alguna. También piensa en cuál necesidad tienes cubierta ahora que te hace

26

feliz y relaciónala con la última pregunta del ejercicio anterior. Es importante que escribas estas reflexiones, pues sacarás información valiosa para el desarrollo de tu libro, así como también para insertar tu libro en el mercado correcto.

Hay personas que han decidido escribir un libro para uso personal o familiar, sea que quieran hacer una biografía, una historia de familia, etc. Otros han optado por realizar algún manual técnico, de negocios, recetarios de cocina, libros de autoayuda, de historia, novelas de ficción, etc. Cualquiera que sea el tema que deseas desarrollar es importante que lo que vayas a escribir se relacione, de una u otra forma, con lo que eres, pues estamos hablando de conocimiento, de generar conocimiento a través de tu experiencia, de tus habilidades, y para ello debes conocer y tener claro cuáles son. De esa forma, producirás un libro de calidad y podrás tener una imagen de escritor genial, único, auténtico.

Al seguir estos pasos verás que al final de este libro tendrás material suficiente no solo para escribir un buen libro, sino para poder ubicarlo y diseñarlo con miras a ese lector que realmente deseas que disfrute de tu obra. Esto es un producto que debe ser diseñado con suma precaución; desde el momento de su concepción, debe ser planeado, preparado y creado con mucho cuidado en cada detalle para que sea esa obra de arte que todos deseen leer.

Capítulo II

Decidir el tema a escribir

Nuestra mente nos hace viajar por infinitas ideas y posibilidades, así como en ocasiones nos estanca en un solo camino. Es normal que pasemos por ese proceso mientras determinamos de manera específica el tema a escribir. Podemos viajar por lo que nos apasiona, así como por aquello que creemos es lo mejor, aunque no sea nuestra mejor idea.

Encontrarnos en el lugar de no saber qué es lo que queremos debe ser un momento transitorio en el que podamos ordenar las ideas, mas no debe ser un lugar en el que nos instalemos a vivir. En todas las experiencias que hemos manejado, tanto en las relaciones de parejas como en los negocios y planes de vida, cuando las personas no saben lo que realmente desean, las energías, los esfuerzos y la mayoría de los recursos se agotan, dejando un mal sabor de boca que limita y no permite avanzar.

En nuestros seminarios siempre coloco el ejemplo de imaginarnos una autopista en la que cada persona debería saber hacia dónde va. Una de ellas tiene dudas sobre si seguir adelante, frenar, desviarse o hasta retroceder. ¿Qué ocurriría? Por una parte frenaría a las demás personas, congestionaría el tráfico y podría correr el riesgo de chocar, sufrir un lamentable accidente, perder tiempo, dinero, llenarse de estrés, entre otras cosas. Solo por el hecho de no saber hacia dónde va, no tener claro cuál es la vía que debe tomar, no tener la seguridad y la firmeza de tomar la decisión y avanzar.

De esa misma forma ocurre cuando tenemos un proyecto, un trabajo, una relación, una familia y hasta el empezar a escribir un libro. Claro está que no es fácil saber desde un principio lo que se quiere, y es allí cuando debes tomarte el tiempo antes de montarte a manejar el carro. Es ese momento en el que determinas para dónde quieres ir, qué rutas vas a tomar, y a qué hora pretendes llegar tomando en cuenta los contratiempos. Es por eso que ese momento de *no saber* lo determino como un lugar pasajero, no debe convertirse en una rutina mental en la que te excuses de no manejar al sitio porque no sabes dónde queda, porque no tienes tiempo, porque es más cómodo vivir en el *no sé*.

En cualquier situación en que te coloque la vida siempre hay tres alternativas: *sí*, *no* y *no sé*. El *no sé* es un sitio cómodo, pues te permite no tomar la decisión equivocada, lo cual también es una decisión y puede salir mucho más costosa que el *sí* o el *no*. El no tomar una decisión tiene sus matices, pues tomar decisiones bajo presión, bajo estrés, o con poca información nos puede llevar al fracaso.

La primera decisión que debes tomar es si realmente tienes el compromiso contigo mismo de escribir ese libro que siempre pensaste. Ya con ese primer paso podrás minimizar el sabotaje constante del *más tarde* o de vivir en el *no sé*.

Una vez que ya sabes hacia dónde vas y cuándo quieres llegar, (recuerda que el factor tiempo ya lo tienes establecido con nuestro método, serán 90 días), eliminas dos grandes variables y así puedes proseguir el camino. Ahora queda seleccionar la mejor vía que te permita minimizar el atraso, con la que utilices al máximo los recursos y no tengas que hacer desvíos, frenadas, retrocesos o provocar cualquier tipo de accidente.

Definir tus competencias y conocimientos

Saber con qué competencias cuentas es uno de los pasos fundamentales para que puedas determinar el tema y el estilo de tu libro. Es importante que reconozcas en qué área tienes fortalezas, sea por estudios, trabajo, experiencias, habilidades innatas, entre otros.

Para determinar tus competencias :

1.- Determina los talentos, habilidades y conocimientos que posees.

Es importante reconocer la diferencia entre estos elementos, pues parecen similares, pero no lo son. El conocimiento es saber algo y la habilidad es saber cómo hacerlo.

Cuando hablamos de conocimiento hacemos referencia a la información teórica adquirida sobre un tema, esa información aprendida a través de la lectura, entrenamiento o cualquier medio de formación.

Por otra parte, la habilidad es la capacidad práctica de aplicar el conocimiento adquirido. En algunos casos las habilidades pueden ser innatas, pues hay personas que las desarrollan sin estudios previos, quizás observando o simplemente intentando por ensayo y error.

Cuando hablamos de talento podemos decir que es parte de la combinación de las dos definiciones anteriores. En él se une la capacidad de la persona para entender de manera inteligente la forma de resolver una determinada situación con la utilización de sus habilidades, destrezas, conocimientos, experiencias y aptitudes propias.

Tener los términos claros en cuanto a conocer cada talento, habilidad y conocimiento que posees te dará los fundamentos necesarios para poder conocerte mejor y entender las herramientas que tienes.

Nota lo importante de esta parte de autoanálisis, pues el hecho de desconocer las habilidades que poseemos nos puede hacer el camino más difícil de transitar. Cuando sabes realmente quién eres, puedes conocer mejor tus debilidades y fortalezas. Así podrás determinar las áreas que debes mejorar y aquellas de las que puedes sacar provecho con mayor facilidad.

Cuando las personas reconocen sus talentos pueden llegar a ser superhéroes más rápida y fácilmente. Yo conozco personas con una habilidad innata para conectarse con otros cuando se comunican y vender lo que sea, ya que poseen ese don que los hace únicos a la hora de presentar un producto o servicio. Ese tipo de personas pueden llegar muy lejos en el área en la que tienen la habilidad, pues el hecho de saber qué talento tienes y sobre todo creer en tu propio talento te da la potencialidad que necesitas para alcanzar el éxito.

Una manera sencilla de hacer este análisis es recordando las actividades que te resultan fáciles de realizar y las cuales las demás personas reconocen que efectúas muy bien.

Otra forma es evaluar el conocimiento adquirido en todos tus años de vida, así como la experiencia. Hay personas que tienen veinte años trabajando como asistentes o técnicos en algún taller de maquinarias y no reconocen todo el conocimiento que poseen en el área mecánica, eléctrica, de piezas, la cantidad de entrenamiento recibido, etc.

Evalúa. Sé minucioso en revisar toda tu trayectoria, tanto en conocimiento como en talento y experiencia, y diseña un documento completo que ilustre realmente quién eres y qué posees.

Capítulo III

Cuál es tu legado

No todos saben la misión que tienen que cumplir en este planeta; algunos suponen, otros ya están seguros de cuál es. El punto está en conocer qué debes hacer y cómo puedes dejar esa huella que pueda trascender en el tiempo sin importar si estás vivo o muerto. El conocer ese legado que venimos a dejar en el planeta se convierte en el ancla de vida de muchas personas. Es como esa terapia personal en la que el escritor se conecta con su ser interno y comienza su autodescubrimiento a través de la escritura.

Recuerda que tenemos en nuestro cerebro un hemisferio izquierdo y uno derecho; uno se encarga de la parte lógica y el otro es más artista e improvisador. El saber conectar estos dos hemisferios en el momento de escribir o de crear cualquier cosa nos transforma en seres exitosos. Es entonces cuando comenzamos a sentir esa pasión maravillosa por lo que hacemos.

Las experiencias que hemos tenido con aquellas personas que ayudamos a escribir sus libros bajo nuestro método han sido maravillosas, ya que vivir ese proceso les ha permitido sentir el camino de conectar ese valioso conocimiento a un medio, transformando sus vidas y las de otros. Han descubierto información maravillosa, han tenido una terapia de vida a través de la escritura que les ha permitido, en algunos casos, conocer para qué vinieron a este mundo y cómo manejar su misión de vida. Suena interesante, ¿no? Solo con el simple hecho de poder poner en papel tus ideas despierta tu parte creativa que posiblemente estaba allí dormida y que bajo nuestro método se activa y comienza a surgir un flujo de conocimiento e información que podrá convertirse en parte de tu vida y te permitirá influir positivamente en la vida de muchos otros.

Sea un libro de ficción, de misterio, aventura, de lo que desees escribir, siempre tendrá el toque especial de tus ideas, de tu estilo, del mensaje que quieres dejar detrás de cada párrafo, de cada tema, de cada historia.

El conocer ese mensaje que deseas compartir te hará sentir comprometido, contigo mismo y con tu lector, a entregar un documento de calidad, atractivo, que llegue tanto a la mente como al corazón de todos.

Sabemos que no es fácil poner en orden las ideas, más aún si esta es la primera vez que deseas escribir un libro. Lo importante es seguir el método con orden y disciplina, pues habrá muchas ideas, documentos, dibujos, gráficos, párrafos sobre tu escritorio, y la forma de organizarlos de manera lógica y fácil de entender es parte de las herramientas que te vamos a brindar.

Te recomendamos que te tomes tu tiempo para describir muy bien tu don, los conocimientos que manejas, las experiencias que tienes. Al unir esa información podrás visualizar mejor tu misión de vida. No es casualidad que estés leyendo este libro y mucho menos que sientas el compromiso contigo mismo y con tus futuros lectores.

Te recomendamos llenar esta tabla, te ayudara a descubrir cuál es tu legado.

N.º	Cuáles son los dones innatos	Con quién deseas compartirlos
1		
2		
3		
4		
5		

Capítulo IV

Cómo organizar mis ideas

Conocemos esa inquietud que se siente cuando las ideas se transforman en un torbellino, se atropellan unas con otras, y aparece la duda sobre cuál de ellas es la mejor. Establecer la importancia de tu tema hacia el área donde estás enfocado te permite descubrir cuál será la idea más importante, tanto para el lector, para el mercado, o simplemente para ti. Ese temor lo tenemos todos a la hora de querer saber cómo ordenar, clasificar y estructurar las ideas para convertirlas en una lectura atractiva para los demás.

El juego de la mente es desafiante, pues un caudal de conocimientos e información está en la búsqueda de un orden para poder fluir y ser asimilado. Es allí donde en ocasiones carecemos de la herramienta o método para hilar y enlazar las ideas.

Imagínate que estás participando en un seminario en donde el expositor posee gran cantidad de conocimientos valiosos, pero quizás la emoción de conectarse con el público lo hace brincar de un punto a otro sin un orden lógico. Es posible que termine la sesión con un público muy motivado, energizado, pero que al final no llevan nada en las manos para poner en acción lo aprendido.

Así mismo puede ocurrir con un libro. Todo depende del tipo de texto que desees escribir, hacia qué publico irá dirigido y cuál es el objetivo de tu libro. Tus ideas pueden ser muy interesantes, pero si no tienes la capacidad de transformarlas en palabras con un lenguaje familiar para ese público que deseas cautivar, puede que simplemente estés creando un manuscrito para tu propio uso.

Te podemos dar algunos métodos interesantes para que de alguna forma puedas organizar esas ideas y las esquematices en un orden sencillo de comprender. Dependiendo del tipo de libro que desees escribir, puedes tomar las siguientes referencias:

1.- Orden cronológico:

Cuando escribimos historias, novelas, cuentos, relatos de vida, etc., el orden cronológico es básico para que el lector pueda entender de dónde viene y hacia dónde va. En algunos casos, puedes comenzar por el final, como en las películas, para hacer un viaje en el tiempo desde el final hasta el principio o viceversa, pero en esos casos debes tener mucho cuidado para que el lector no se pierda en el camino. Es importante mantener un control del manejo de los verbos, su conjugación y el tiempo, así como referencias de fechas para que las personas puedan entender en qué lugar de la historia se encuentran.

2.- Orden técnico:

Si tu libro es un método, un manual, un instructivo, un documento práctico para alcanzar un objetivo específico, debes ordenar las piezas desde la entrada de información, el proceso y la salida. Para este caso, realizar mapas de procesos, mapas mentales, diagramas de flujo, etc., te permitirá tener una foto global de tu idea en un solo plano y de allí a desarrollar cada caja de información. Al cuidar el flujo de las flechas de entradas y salidas, podrás tener idea de cómo ordenar y estructurar los capítulos de tu libro.

3.- Orden de clase:

Por ejemplo, en caso de que desees hacer un libro de recetas de cocina, podrás ordenar por clase, sea tipos de platillos (aperitivos, postres, ensaladas, etc.) o por culturas, países, colores o tamaños. Si para lo que deseas escribir es factible implementar un orden de clase, esta se convertirá en una manera fácil de organizar tus ideas y luego ir desarrollando cada clase.

Cuando desarrolles la primera clase puedes encontrar un patrón de información que podrás estandarizar para las siguientes. Cuando estandarizas la estructura de la información, al lector se le facilita encontrar y entender esa información al utilizar tu libro.

4.- Por género:

Un poco parecido a la anterior, el manejar temas para hombres, mujeres, niños, adolescentes, adultos, etc., puede ayudar a clasificar mejor la información y establecer capítulos por cada género a fin de que se le simplifique al lector la tarea de buscar la información deseada. En ocasiones los géneros pueden tener subclases y esto te permite sectorizar los capítulos.

5.- Por eventos o temas:

Si el aspecto cronológico se te hace difícil de manejar, puedes establecer eventos o temas a tocar y desarrollar cada tema a fondo. Para estos casos, primero desarrollas todos los temas y luego buscas el orden natural de los mismos. Debes ser cuidadoso y organizado para evitar confusiones, por ejemplo, que hagas referencia a un tema o evento en un capítulo anterior y este se encuentre luego en otro. Debes hacer varias revisiones para evitar el referir un punto que se encuentre en otro capítulo. Por lo general, se trata de temas independientes. Hay casos en los que las personas desarrollan entrevistas a personajes y luego van resaltando los mensajes de cada entrevista; en ese caso, organiza los mensajes aparte para poder luego determinar el orden de las entrevistas, pues esto le permite al lector ir entendiendo los mensajes con cierta lógica.

Acciona tus ideas

Con esta ayuda puedes ya comenzar a desarrollar tus ideas y colocarlas en papel. Apóyate mucho en los mapas mentales donde una idea central puede abrirse en otras y otras, y así vas estableciendo el alcance de tu libro.

42

Por ejemplo, te citaré el caso de una persona que desea escribir un libro sobre *Manejo de relaciones personales*. En este caso se colocó el objetivo o idea principal en el centro de un papel y se iban proyectando líneas con tipos, clases, géneros. Así el escritor pudo ver cómo sus ideas fluían conectadas bajo un esquema que luego le sería mas fácil desarrollar.

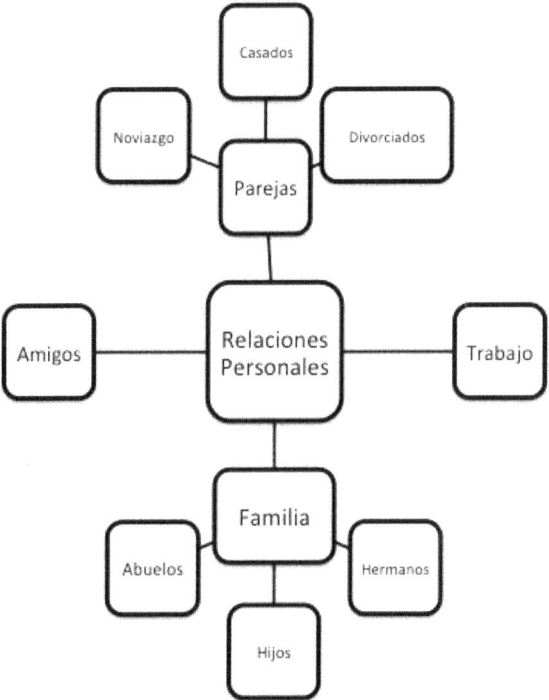

```
                    ┌─────────┐
                    │ Casados │
                    └─────────┘
    ┌──────────┐         ┌────────────┐
    │ Noviazgo │         │ Divorciados│
    └──────────┘ ┌──────┐└────────────┘
                 │Parejas│
                 └───────┘
                    │
  ┌────────┐   ┌────────────┐   ┌─────────┐
  │ Amigos │───│ Relaciones │───│ Trabajo │
  └────────┘   │ Personales │   └─────────┘
              └────────────┘
                    │
                 ┌────────┐
                 │ Familia│
                 └────────┘
  ┌─────────┐              ┌──────────┐
  │ Abuelos │              │ Hermanos │
  └─────────┘              └──────────┘
                 ┌──────┐
                 │ Hijos│
                 └──────┘
```

Este simple ejemplo te dará una referencia acerca de cómo ordenar tus ideas y desarrollar cada tema específico.

Otro ejemplo es el uso de enfoque de procesos donde estableces las entradas-procesos-salidas y allí puedes ir determinando los temas.

ENTRADA	PROCESO	SALIDA
Cuidado de las plantas	Prepara la tierra	Terreno listo para la siembra
	Siembra	Planta sembrada
	Mantenimiento	Planta productiva
Enfermedades de las plantas	En las hojas	Medicamentos, tratamiento para hojas
	En el tallo	Tratamientos para el tallo
	En la raíz	Tratamiento para la raíz

Estos ejemplos te permitirán ordenar mejor las ideas y hacer combinaciones de métodos. Al hacer un mapa mental puedes crear pasos, cronologías; no hay limitantes a la hora de establecer los métodos para organizar tu libro. El punto importante es que sea sencillo y fácil de entender para el lector.

ENTRADA	PROCESO	SALIDA

Capítulo V

Con qué recursos cuentas

Un punto muy importante es conocer con qué recursos cuentas. Cuando hablamos de recursos no nos referimos simplemente a la parte financiera, sino a la existencia de los ***infinitos recursos y oportunidades*** que muchas veces no percibes y están a tu alcance. Por alguna razón, las personas tienen limitaciones, solo pueden ver lo que está dentro de su patrón de conocimiento y dejan escapar una gran gama de opciones que dichos límites no le permiten ver.

Aquí vamos a hacer referencia a varios recursos importantes que te harán conectar con las oportunidades y podrás afilar mucho mejor la punta de la lanza para atinar al objetivo. Cuando quieres saber hacia qué mercado va dirigido tu libro, debes revisar muy bien los recursos que están a tu alcance, tales como:

1.- Relaciones: En qué medio te desenvuelves, qué personas tienes a tu alrededor, sea compañeros de trabajo, vecinos, asociaciones, clubes, familiares, amigos, etc. El pertenecer a un gremio te puede abrir muchas puertas de manera inmediata. Por ejemplo, supongamos que trabajas como visitador médico, vendedor industrial o eres entrenador de algún deporte, manejas un transporte público, eres ama de casa, atiendes una cafetería, etc. Cualquiera que sea tu actividad, manejas un gremio, un grupo, hay una cantidad de personas que tienen una misma profesión, unas tareas en común, un mismo objetivo. Manejan un entorno en común y, en consecuencia, tienen mucha experiencia en ese campo, lo cual es muy valioso y esta allí esperando por ti.

Al conocer las relaciones que posees, conoces un mercado potencial, de fácil acceso, pues te mueves en el mismo entorno, manejas información y te puedes conectar fácilmente con las personas, bien para buscar más información o para ofrecer información en común. Estos grupos pueden convertirse tanto en fuente de información como en posibles lectores y seguidores.

2.- Acceso a información: El tener acceso a información es un recurso valioso, pues te ayudará no solo antes de desarrollar tu libro, sino durante la redacción del mismo y, mejor aún, luego de que tu libro esté listo. Observa cuánto acceso tienes a la información sobre el tema que quieres desarrollar; limita, perfila y ajusta tu brújula con base en ese acceso, pues será muy difícil desarrollar ideas que requieran investigación para la cual el acceso sea limitado.

El poder organizar las fuentes de información a tu alcance te será de gran ayuda, pues te facilitará ejecutar una buena estrategia de mercadeo para vender tu libro. Realiza lista de los datos que necesitas y analiza la oportunidad que tienes de acceder a ellos.

3.- Tu imagen pública: En este mundo de los medios sociales, la imagen pública cada vez es más voluble, más sensible, y eso lo puedes ver hasta en la cantidad de seguidores que tienes en una red social; pero más allá de este entorno, está en tu área de trabajo, familia, amigos, vecinos, comunidad. Sea cual sea tu profesión u oficio, es la forma como te ven los demás, lo que te caracteriza y que hace que la gente quiera leer lo que escribes. Sea que hayas creado una imagen de persona asertiva, crítica, suspicaz, irónica, cómica, elocuente, inteligente, espontánea, romántica, cualquiera que sea, esa será la forma en que te proyectarás ante los demás.

4.- Distribución y expansión: En la mayoría de los casos cuando escribimos un libro buscamos que este sea leído por la mayor cantidad de personas y que el acceso al mismo sea lo más amplio posible. Esto requiere muchos recursos, pero si evalúas bien el punto 1 acerca de las relaciones que tienes y en qué entorno te mueves, así como tu imagen pública, esto te puede dar una dirección que te lleve a cubrir más terreno de lo que crees.

Imagínate que te mueves en el negocio de la construcción y tu libro se refiere a alguna técnica que puede ayudar a las labores en ese campo. El simple hecho de que te apoyes en las relaciones que tienes en ese entorno puede llevarte a establecer alianzas para lograr distribuir tu libro a nivel local, nacional y hasta internacional. El simple análisis de los recursos que posees puede lograr establecer estrategias de mercadeo y distribución de tu libro con poco cantidad de dinero para la inversión inicial.

Un punto importante aquí es establecer de manera precisa el alcance de tu mercado y la expansión que quieres lograr, pues al desarrollar tu libro puedes incluir a tus aliados dentro del tema que estás desarrollando y estos te abrirán más puertas para expandir tu mercado.

En ocasiones decimos que el libro es tu tarjeta de presentación si eres un consultor, psicólogo, asesor, etc. El hecho de tener un libro te da una mejor imagen ante tus clientes y tu entorno, y luego será parte de tu *marketing* personal y profesional.

5.- Recursos financieros: Recuerda que todo proyecto requiere de inversión, y para ello debes tener clara tu capacidad de invertir tanto en la realización del libro, que quizás es la menor parte, como en el mercadeo y distribución del mismo, que requiere de mayores recursos.

Establece etapas, objetivos, coloca metas mensuales, trimestrales y hasta anuales en donde inviertas, luego, poco a poco irás recuperando la inversión. Posiblemente llevas meses o quizás años pensando en escribir un libro, y no has tomado la previsión de crear pequeños ahorros mensuales que te permitan en un periodo de un año tener la posibilidad de entrar en este maravilloso mundo de los escritores.

6.- Testimonios: Es posible que según las relaciones que tengas y las actividades que hagas, las personas que de alguna u otra manera hayas ayudado se conviertan en esos testimonios que puedan ser parte de un recurso valioso para tu libro en diferentes formas:

- ✓ Puede que ese testimonio sea parte de un capítulo de tu libro, lo que le dará soporte y credibilidad al mismo.
- ✓ Esos testimonios pueden involucrar a otras personas en tu libro las cuales te apoyarán en la tarea de divulgar tu información.

- ✓ Más de un testimonio personal, grupal u organizacional podrá ser el apoyo necesario para cuando tu libro esté terminado.
- ✓ Las historias reales llaman mucho la atención del público, así como cuando una película está basada en hechos reales. Este tipo de información genera más expectativa entre los lectores.
- ✓ En caso de que tu libro sea de ficción puedes involucrar personajes del mundo real y conseguir de ellos el apoyo a tu libro.

Áreas	Recursos	Cómo conectarlos
Relaciones		
Acceso a Información		
Imagen Publica		
Distribución y expansión		
Finanzas		
Testimonios		

Capítulo VI

Quién es tu lector

Identificar bien a quién estás dirigiendo tu libro es fundamental para poder afinar tanto el contenido, el contexto, la forma, el título, hasta los colores y el diseño de la portada. Desde un principio debes pensar muy bien quién es tu lector, en cuál rango de edad se encuentra, género, estado civil, profesión, nivel socio-económico, intereses, y nos atreveríamos a ser más específicos aún y agregar qué emociones y actitudes puede tener y qué circunstancias puede estar viviendo el lector al que le interesaría tu libro.

Conocer esa parte emocional es clave, pues es una manera de conectarte con la persona a la que le interesará tu libro, de hacer que lo busque, que lo sienta, que tenga la necesidad de leer el contenido que tú estás escribiendo.

No es lo mismo escribir para un profesional de la medicina o de la ingeniería, que escribir para amas de casas, adolescentes o niños. Cuando tienes claro hacia quién va dirigido tu contenido, este se hace más acertado y a la vez tu estrategia de mercado será más fácil de manejar.

Quizás has decidido escribir un libro para todo público. Por ejemplo, los libros de autoayuda generalmente no van dirigidos a algún género, edad o profesión determinados. Si es este tu caso igual debes tener presente el diseño de un contenido más genérico, una portada más neutra y un título que atraiga a muchos.

Si este es el primer libro que deseas escribir, no te sientas abrumado con tanta información en relación a si lo que escribes será para un sector específico o su contenido irá hacia un público más amplio. No sientas temor, cualquiera que sea tu decisión tómala como la experiencia de tu primer libro, luego tendrás la oportunidad de escribir el segundo o el tercero dirigido a otras opciones que se te ocurran. Es más, podrás hacer ediciones de tu primer libro haciendo los ajustes necesarios para afinarlo y mejorarlo. **Cuando en tu mente reconoces que existe la posibilidad de mejorar lo ya realizado, la inercia de la perfección se hace a un lado y te permite arriesgarte.**

Describir claramente a tu lector sobre el papel es básico para que en el transcurso del desarrollo de tu libro no pierdas el estilo y contenido. Sobre todo cuando describas las emociones; recuerda que lo atractivo de un libro está en la manera cómo captas las emociones y la atención del lector. Para ello debes considerar qué posibles emociones puedes involucrar en tu escritura que capturen esa atención.

Debes conocer qué intereses puede tener la persona que está buscando información en tu libro; si es alguien técnico debes ser preciso, ofrecer ejemplos, exponer tablas, listas, recetas. Si es una historia, deberás recrear muy bien los espacios y ambientes para que el lector pueda jugar con su mente y vivir el momento que deseas recrear. Los intereses van muy conectados con las circunstancias, las emociones, y de allí debes sacar partido a la hora de desarrollar y estructurar el contenido.

Recuerda que debes aprender a conectarte con tu lector, debes sentirlo, debes ponerte en su lugar, debes pensar como él, hacerte las preguntas que posiblemente él se esté haciendo, debes deslizarte inteligentemente entre su mente y su corazón. Con eso podrá fluir la información necesaria que te enlazará en una mágica relación escritor-lector.

El éxito de muchos escritores ha sido esa capacidad de intimar con el lector a través de sus libros. Cuando un lector se siente capaz de reconocer los pensamientos del autor a simple vista, solo leyendo parte de algún párrafo, establece ese vínculo que luego será difícil de romper.

Crea una relación intelectual-emocional con tu lector, atrévete a compartir esa información que te caracterizará a ti como un ser único y que te conectará con muchos de una manera natural.

En ocasiones, personas que han leído nuestro primer libro *Cómo encontrar pareja en 90 días* nos dicen que en algunos capítulos, cuando están leyendo, sienten la voz nuestra en sus mentes. Eso nos indica que estamos escribiendo como somos y hace que sea un tipo de lectura muy característica, diríamos personalizada, creando una marca, un estilo propio en nuestros libros.

A continuación te damos una guía para que describas a tu lector, pero no dejes que te limite, sé lo más abierto posible:

1.- Edades (desde-hasta).

2.- Sexo.

3.- Profesión u oficio.

4.- Nivel socio-económico.

5.- Estado civil.

6.- Intereses, hobbies.

7.- Emociones, actitudes.

8.- Circunstancias que pueda estar viviendo, necesidades.

Capítulo VII

Conéctate con tu público

Como ya hemos mencionado anteriormente, el escribir tu libro se convertirá en tu terapia personal. Te permitirá sentir ese orgasmo intelectual que tanto nos gusta disfrutar cuando estamos escribiendo. Como escritores que somos queremos conectarnos contigo desde la pasión, hasta quizás poner un poco de humor. Hay tres temas que a la mayoría de las personas le gusta leer, escuchar o ver, y son los temas que producen alegrías, risas; los temas que produzcan placer, desafío, emociones, suspenso, orgasmos tal vez... y/o temas que produzcan paz, tranquilidad, amor.

Para conectarte con tu público debes mover las energías y emociones en cada frase, en cada capítulo. Debes aprender a generar interés, a cerrar un capítulo invitando al lector al siguiente, de manera que no suelte tu libro. Tienes que cautivar la atención y la mejor forma es conociéndote mejor a ti mismo y luego conociendo a tu lector.

¿Por qué decimos "conociéndote mejor"? *Porque si no sabes lo que tienes, no puedes saber qué puedes ofrecer.* Saber si eres una persona alegre o triste, el reconocer cuál emoción te caracteriza, te permitirá ser auténtico en tu escritura y el lector confiará en tu información. De ese modo, podrás crear información basándote en tu esencia y tus habilidades.

Te contaremos una experiencia que tuvimos en un seminario cuando uno de los participantes, al realizar este ejercicio de conectarse con el público, descubrió que se conecta mucho mejor y escribe hermosos versos, poesías, historias cuando está triste y melancólico. Ese estado le produce la habilidad de crear contenidos hermosos que mueven las emociones a cualquiera. En medio del seminario, esa persona leyó temas que desarrolló durante una separación, luego de la muerte de un familiar, después de la pérdida de un trabajo, y en ellos mostró su capacidad de conectar con las emociones a través de sus frases de una manera única.

Es importante descubrir quién eres, qué habilidades y competencias tienes. Una vez que has conseguido esto, puedes dar lo que tienes y conectarte con el lector. Podemos observar casos de personas que son muy buenas para la crítica o para el sarcasmo, y utilizando esta técnica descubren que algo que podría ser un aspecto negativo de su personalidad se convierte en una oportunidad para conectarse con los demás. A través de esa característica única crean contenidos sarcásticos generando un sabor entre dulce y amargo en la escritura que atrapa la atención de su público.

Encontrar los elementos que te caracterizan y conectarlos con el tipo de lector al que te diriges, te llevará a descubrir el estilo de escritura con el cual te destacarás en tu libro. Observa bien las competencias que tienes, esas habilidades naturales que desde muy niño sabías que poseías y hacían que te destacaras en tu grupo. Observa también aquellas habilidades que las personas reconocían en ti cuando te comentaban que eras único haciendo determinada actividad. Una vez que tienes tu inventario de habilidades naturales y reconocidas por los demás, establece tu lista de conocimientos adquiridos: esos cursos, estudios, experiencias, libros leídos, películas vistas, toda esa información que has absorbido a través del tiempo.

En ejercicios anteriores descubriste cuál era tu pasión. Busca tus notas e incorpóralas en el cuadro que te vamos a suministrar a continuación. Una vez que hayas llenado por lo menos cinco líneas de las cuatro primeras columnas, comienza a llenar la última que se refiere a qué sería lo que tu lector desea conseguir en tu libro. Esta última columna es clave, allí puedes desarrollar frases, ideas, palabras claves de qué sería lo que tu lector busque cuando esté leyendo tu libro. Una vez que tengas tu cuadro lleno, continúa subrayando las palabras claves que sean comunes entre columnas. Analiza bien cuáles elementos puedes agregar que puedan complementar tu información. El análisis de este ejercicio es crucial porque te permite establecer un estilo con el cual te sientas cómodo, que te haga único, y con el que crearás una íntima relación con tu lector.

Ya en este punto nos sentimos muy emocionados, pues esta es la parte más reveladora en la que a cada uno se le abren las puertas de las oportunidades; aquí realmente comienzas a ver los infinitos recursos, se une la respuesta a la pregunta, la necesidad encuentra el recurso y el intelecto se conecta con la emoción.

Una vez que selecciones las palabras claves determina qué estilo de escritura vas a utilizar. Lo que te queda es ponerte en acción, ya falta poco para que comiences a escribir cada capítulo, cada idea se irá transformando en contenido.

Para este ejercicio incluimos un ejemplo previo que te servirá de guía. Una vez que comprendas bien el ejercicio, realiza tu propio análisis en la siguiente tabla vacía.

Determina tus competencias y conecta

TALENTOS HABILIDADES NATURALES	HABILIDADES RECONOCIDAS POR OTROS	CONOCIMIENTOS APRENDIDOS ACADÉMICO EXPERIENCIA	CUÁL ES TU PASIÓN	QUÉ DESEA TU LECTOR
Dibujar, colorear	Dibujar	Profesor en Psicología	Música	Dibujos
Recortar y hacer manualidades	Organizando fiestas y eventos	**Máster en terapias infantiles**	Dibujar	Entretenimiento
Contar historias imaginarias	Social	Dibujo en grafito	**Jugar con los niños**	**Aprender**
Hacer juegos integrando equipos	Extrovertida	Teatro	Organizar eventos	Colores
Tocar el piano	Cocinando	Lectura de libros de **aprendizaje acelerado**	Tocar el piano	Diversión

Ejemplo de una persona que desea escribir un libro de cuentos para niños.

Análisis: Si observas las palabras resaltadas, lo referido a dibujar y los conocimientos sobre aprendizaje acelerado, así como la habilidad para contar historias imaginarias, dan cuenta de que el estilo más

63

probable a elegir sea el de un libro para niños con muchos dibujos. Quizás con un estilo particular que sería con ilustraciones a mano en grafito, y con elementos de enseñanza profesional. Ya con este ejemplo puedes establecer un patrón de cómo el organizar tus competencia te permite crear mejor el camino para conectarte con los demás.

Determina tus competencias y conecta

TALENTOS HABILIDADES NATURALES	HABILIDADES RECONOCIDAS POR OTROS	CONOCIMIENTOS APRENDIDOS ACADÉMICO EXPERIENCIA	CUÁL ES TU PASIÓN	QUÉ DESEA TU LECTOR

Capítulo VIII

Existen muchas formas de clasificar los textos. En general, les queremos presentar la forma más sencilla posible con la cual hemos trabajado y es utilizada al momento de clasificar los contenidos para obtener el derecho de autor y el código en el registro de sistema internacional de numeración de libros (ISBN).

- **Académico**
- **Periodístico**
- **Técnico, instructivo, científico**
- **Literario**
  - **Ficción**
  - **No ficción**

Académico

Este tipo de textos es el resultado de investigaciones con el fin de comunicar conocimientos en determinadas áreas del acontecer académico. Generalmente, son utilizados en actividades de enseñanza e investigación, en colegios, universidades y cualquier entidad académica como fundamento o soporte para alguna asignatura determinada.

Tesis, informes, proyectos de investigación, resúmenes, etc., entran dentro de esta clase de textos, los cuales para su redacción requieren de cierta estructura y normas especiales (citas, notas de referencias, márgenes, etc.) que hacen de su escritura una tarea bastante especializada.

Por lo general, este tipo de textos requiere una exhaustiva revisión por parte de especialistas tanto en los temas tratados como en metodología de investigación para su aprobación. Si el tema es lo suficientemente impactante y trasciende más allá de los intereses académicos, quizás editoriales reconocidas puedan darle el respaldo a la hora de colocarlas en el mercado.

Periodístico

Los textos periodísticos son aquellos elaborados con las técnicas propias de esta profesión y su objetivo general es informar y orientar. Si bien los textos periodísticos son escritos para ser publicados en los diferentes medios de comunicación en forma de noticias, entrevistas, reportajes, crónicas, etc., se da el caso de textos periodísticos que han llegado a ser libros líderes en ventas a nivel mundial, como la novela *A sangre fría* de Truman Capote, inicio de lo que se dio por llamar el Nuevo Periodismo, y las crónicas de Gabriel García Márquez sobre el naufragio del destructor Caldas en *Relatos de un náufrago,* y más recientemente el libro *Sangre en el Diván* escrito por la periodista venezolana Ibéyise Pacheco.

Esta clase de textos requieren un trabajo de investigación en profundidad utilizando las técnicas del reportaje y la entrevista. Al darles forma, el escritor requiere manejar el lenguaje de tal manera que el texto trascienda de su misión meramente informativa y sus características de inmediatez, a tener el atractivo suficiente para entretener de manera amena al lector.

Técnico, instructivo, científico

Son libros que tocan temas específicos sobre un campo particular de conocimiento, en áreas científicas y técnicas. Generalmente van dirigidos a un público específico por lo que su estructura y redacción deben plantearse tomando en cuenta ese aspecto.

El lenguaje de este tipo de textos, en general, es ajustado a la temática que tratan y suele ser bastante técnicos. El autor de esta clase de escritos debe poseer conocimientos comprobados sobre el tema a tratar y dar al lector muestras de que el texto es producto de una investigación basada en fuentes confiables de información tanto de campo como documentales. Asimismo, el escritor debe tener la capacidad de plantear el texto de tal manera que a pesar de lo técnico que pueda ser, sea un texto que pueda ser comprendido por el lector final.

La temática de este tipo de libros abarca un amplio espectro que puede ir desde los temas científicos y técnicos hasta jurídicos, administrativos, religiosos, psicológicos, etc.

Literarios

En el diccionario podemos encontrar la definición de literatura como el arte que emplea como instrumento la palabra. Aunque cuando redactamos cualquier tipo de texto igualmente utilizamos la palabra como instrumento, en la literatura se busca crear belleza con el lenguaje.

Partiendo de esta base podemos hacer una clasificación entre los que definiremos como textos literarios: ficción y no ficción.

Literatura de ficción

En los textos de ficción el autor narra hechos imaginarios, con personajes ficticios para entretener al lector. No hay límites en la literatura de ficción, todo es posible en este tipo de creaciones. El que sea imaginario no impide que el autor utilice elementos de la realidad para componer su creación literaria. Muchas novelas famosas fueron creadas a partir de experiencias personales de sus autores. Todos tenemos vivencias interesantes que con el giro adecuado y las palabras correctas puedan llegar a ser del gusto de los lectores.

El espectro de formas que puede tomar esta clase de literatura es muy amplio. Desde novelas, cuentos, relatos cortos, leyendas, poesía, fábulas, en fin, las posibilidades son muchas.

Si no has decidido hacia dónde orientarte, aquí te presentamos algunas de las temáticas que puedes desarrollar:

Religión	**Náutica**
Drama	**Novelas**
Erotismo	**Culturas**
Folklore	**Poesía**
Mitología	**Romance**
Historia	**Fantasía**
Misterio	**Milicia**
Crimen	**Vaqueras**
Esoterismo	**Mundos**

Literatura de no ficción

Los libros de no ficción son basados en información real, la cual puede ser validada, verificada, comprobada. Generalmente este tipo de texto está fundamentado en algún hecho real o es producto de las vivencias del autor.

Entre las formas más frecuentes que adopta la literatura de no ficción están las memorias, las biografías, las autobiografías, los ensayos y las crónicas.

Tipo de redacción

La clase de libro que vas a escribir y el público al que irá dirigido darán la pauta para establecer la forma en que el texto será redactado. No será lo mismo el lenguaje utilizado en un libro de autoayuda pensado para que lo lea el común de las personas que buscan información fácilmente digerible, al que utilicemos en un manual para ingenieros o contadores.

La redacción y la ilustración dentro de un libro son herramientas claves para captar la atención de tu lector así como la mejor forma de poder organizar y expresar tus ideas. El uso de ilustraciones es importante. Hace un tiempo fuimos a una librería. La persona que nos acompañaba estaba con dudas para elegir un libro que necesitaba y su criterio fue abrir cada libro hojeándolo rápidamente y nos dijo: "El que tenga algún cuadro, diagrama, dibujos me atrae más que puras letras".

Y eso es muy cierto, ocurre más con los libros técnicos, en los que el lector quizás busca entender mejor la información basado en un cuadro sinóptico o cualquier ayuda ilustrada.

Ten en cuenta que aquí juega mucho la creatividad del autor. Es posible que tu tema requiera fotografías, dibujos o simplemente sea solo letras y títulos como puede ser en una novela de ficción.

No existe una receta perfecta, pero sí hay guías a seguir que utilizamos con nuestros discípulos cuando están en el proceso de creación de los contenidos. Uno de los objetivos principales al redactar debe ser la claridad. Todos queremos que nuestro mensaje llegue a aquel que lee nuestro libro. La mejor manera de lograrlo es escribiendo textos fáciles de comprender. Para ser claros tenemos que manejar bien el lenguaje, respetar las normas gramaticales, ortográficas y de sintaxis de nuestro idioma.

Otra cosa que debemos practicar si queremos escribir con claridad es evitar el uso de palabras complejas o ideas enredadas, aunque tengamos la errónea idea de que eso le dará clase a nuestro escrito. Para lograr un texto claro debemos evitar la ambigüedad. Lo que escribimos no debe dejar ninguna duda sobre lo que quisimos decir. Hay que releer muchas veces lo que escribimos para asegurarnos de esto. Si al leer lo que hemos escrito notamos la mínima posibilidad de que pueda entenderse de una forma distinta a la que pensamos, es necesario sentarnos de nuevo y redactar la idea nuevamente.

La escogencia de las palabras correctas y el buen uso de los signos de puntuación serán el primer paso para lograr textos que lleguen a nuestro lector tal como imaginamos que lo haría. Una coma mal puesta puede expresar una idea totalmente contraria a la que queríamos exponer.

Al escribir debemos huir de la repetición inútil de palabras, procuraremos evitar la redundancia, y tratar de no dar vueltas innecesarias para llegar a la idea que se quiere expresar. Si bien en la literatura es característico el adorno en el manejo del lenguaje con el uso de metáforas y otras licencias, igual debe hacerse con plena conciencia y la escogencia adecuada de las palabras para no caer en textos que al final no expresen nada.

Cuando nos planteamos escribir un texto tenemos que decidir las características que tendrá el mismo y mantenerlas de principio a fin. Solo así lograremos un resultado coherente. Si decidimos que nuestro texto estará escrito en tiempo pasado, como por ejemplo en una novela, debemos poner cuidado en el uso de los tiempos verbales y asegurarnos de que a lo largo del escrito quede claro que las acciones están situadas en el pasado.

Igual ocurre con el uso de las personas gramaticales. Si nuestro texto es una narración en primera persona, debemos mantener esa característica de manera constante. Si por ejemplo, estamos redactando un manual como este y decidimos tratar al lector de tú en vez de usted, cuidaremos de hacerlo así durante todo el texto.

Edición

Ningún libro debe ser publicado sin antes pasar por las manos de un editor (corrector de estilo, corrector de textos, editor de estilo, en fin, son muchos los nombres que se le dan). Aunque el escritor revise una y otra vez el texto que ha creado, siempre hará falta la mirada de un experto ajeno al libro que se ocupe de encontrar aquellos detalles susceptibles de ser mejorados o corregidos.

Aunque a muchos les cueste creerlo, los libros de todos los escritores de renombre han pasado por las manos de un editor antes de salir a la luz pública. Es una necesidad ineludible, pues muchas veces por original que sea la idea y por muy bien estructurado que esté un libro, cualquier detalle puede convertirlo en un fracaso a la hora de alcanzar al lector.

Incluso, si el escritor se considera experto en el manejo del lenguaje, siempre será necesaria esa mirada externa. Esto tiene su razón en el hecho de que cuando la persona lleva tiempo trabajando en su obra, pierde la objetividad a la hora de juzgarla lo que lo vuelve ciego ante posibles errores. Igualmente se habitúa tanto a ella que se convierte en parte de la misma lo cual le hace imposible ponerse en el lugar del lector.

El mundo de la publicación hoy en día, con las facilidades que da la tecnología, ha hecho que diariamente salgan miles de obras a la calle. Solo las realmente buenas lograrán destacar dentro de ese mar de páginas. No podemos darnos el lujo de que por saltarnos este último y vital paso se nos escape algún error de sintaxis, un tiempo mal conjugado o una coma fuera de lugar.

La edición del texto es esa mirada final en la que el corrector afina aspectos formales como la ortografía, la puntuación, la concordancia, la coherencia, la estructura, la correlación de datos, las posibles contradicciones dentro del texto, el buen uso del diálogo, el uso de elementos como comillas, guiones, cursivas, entre muchos otros aspectos que forman parte de esta delicada tarea.

Pudieras pensar que eso lo tienes solucionado con el corrector de tu procesador de textos, pero permítenos decirte que lamentablemente estos programas son de muy poca, por no decir de ninguna ayuda para garantizar un texto impecable. De hecho, son muchas las veces que esa advertencia que te hace el corrector automático y que tú inocentemente aceptas como válida, realmente está equivocada.

Por la importancia que tiene el texto que piensas escribir y publicar es que siempre recomendamos que te dediques a desarrollar el contenido de tu libro como tarea primordial. Cuando consideres que has plasmado la idea que tenías en mente revisa que no se te quede nada en el tintero, que tu libro tenga la secuencia tal como la pensaste y que siga una estructura coherente. Una vez que creas que está listo, será la hora de acudir a los expertos en edición a fin de que se dediquen a limpiar y pulir lo que será tu obra maestra.

Dentro de la gama de servicios que prestamos en 90daysoulmate se encuentra la revisión y corrección de textos, pues con la experiencia hemos comprobado que el autor puede perder inspiración si al momento de estar escribiendo debe estar pendiente de los detalles de corrección y gramática. La idea es que el producto final sea no solo motivo de orgullo para ti, sino que sea apreciado y bien aceptado por el mayor número de lectores.

Capítulo IX

Diseña tu portada

La portada juega un papel muy importante en la presentación de tu libro: es a primera vista la manera de captar la atención de tu lector. Podríamos relacionarlo con esa frase tan conocida que dice que tú no eliges un libro, sino que **el libro te elige a ti**. Cuando visitas una librería o haces una búsqueda en una pagina *web* de un libro para un tema específico, mucha veces la elección se basa en cómo luce el libro a primera vista, su portada, luego de eso es cuando decidimos abrirlo para leer un poco el contenido.

Ese primer impacto exitoso se debe a un diseño de portada atractivo, específico para el tipo de lector que el *"libro decide elegir"*. Es allí cuando el lector, quizás sin revisar mucho, toma el libro en sus manos y se lo lleva a casa.

Es por ello que te recomendamos que busques ayuda profesional para el diseño de la portada, ya que aunque tengas en tu mente la idea de lo que deseas, muchos expertos pueden pulir esa idea y llevarla a un nivel más profesional para así presentar un libro atractivo en todos los sentidos.

Es una labor que el diseñador realiza jugando con los colores, imágenes, tipo de letra, la organización y la simetría, basado en el público al que deseas llegar. En nuestra tarea de investigación, hemos fotografiado estantes llenos de libros. Luego hacemos que grupos de personas elijan entre aproximadamente doscientos libros simplemente por el diseño de la portada que les atrajo sin pensar en títulos. Es asombroso cómo algunos colores y diseños son muy populares y mayormente elegidos.

Imágenes

Las imágenes colocadas tanto en la portada, contraportada, así como en el interior del libro deben ser propias o compradas. Debes cuidar mucho el uso correcto de las imágenes y los derechos de autor de los dueños de las mismas.

En ocasiones nuestro cliente provee imágenes propias, pero que carecen de la resolución necesaria para un buena impresión y reproducción del libro en distintos formatos. Es por ello que recomendamos obtener imágenes de calidad de y, sobre todo, establecer un estilo. Si, por ejemplo, estás usando caricaturas como ilustraciones en algunos capítulos, mantén el mismo criterio en el resto del libro. No introduzcas fotografías o mezcles estilos de fotos a color o blanco y negro, o sepia, etc.

Debes ser muy cuidadoso con la consistencia y armonía del contenido en relación con las imágenes que requieras usar. Igual aplica para el uso de diagramas, tablas, gráficos, los cuales deben estar diseñados con un mismo estilo, cuidando la fuente de las letras, el tamaño, los colores, etc.

El título de un libro debe ser así como la selección del nombre para tu hijo cuando va a nacer. Debe ser atractivo, que represente el contenido que deseas publicar, fácil de recordar, y sobre todo debes tratar de que sea único, pues el colocar un título de un libro que ya existe puede traerte muchos problemas. La búsqueda de un buen nombre es una tarea ardua. Te aconsejamos que establezcas una lista de posibles opciones y luego verifiques si no existe algún libro con el mismo título. Una vez que tu lista esté verificada puedes pedir a tus amigos que hagan votaciones por el mejor, o colócala en tu red social, o cualquier medio que te permita seleccionar un título ideal acorde con la idea que representa tu libro.

Los subtítulos son tan o más importantes que el título, pues son la mejor vía para explicar en cortas frases de qué trata tu libro y así lograr atraer la atención de tu lector. Cuando estableces un subtítulo, esto te puede permitir ajustar tu título original, así que debes ser flexible en ajustar y cambiar hasta el último momento. Debes usar frases atractivas que complementen el título, que hagan pensar al lector en elegir el libro bien sea por lo interesante de la información o por simple curiosidad. Esto es una tarea de *marketing* profesional.

En algunos casos recomendamos utilizar en el subtítulo frases que comiencen con "cómo", 'cuándo", "qué" para dar énfasis, utilidad o aplicación a la idea que quieres expresar en tu obra.

Por ejemplo nuestro primer libro se tituló *¿Soltera o soltero?* Ese parece ser un título que llamaría la atención para aquellos que son solteros... pero hay mucho más detrás de eso. El subtítulo que lo complementa es: *Cómo encontrar tu pareja perfecta en 90 días.* Esa frase ya agrega la idea total de cómo o de qué manera puedes encontrar tu alma gemela en solo 90 días. Ese tipo de frases desafía al lector y, hasta por simple fisgoneo, toma tu libro y lo abre, así sea casado, a ver qué contenido posee.

Otro ejemplo es nuestro segundo libro que se refiere a negocios. Allí colocamos dos subtítulos de manera de explicar más sobre el contenido. El título es *90 días de desafío,* el primer subtítulo dice: *Cómo lograr los resultados que quieres en solo 90 días.* En la parte baja de la portada se complementa con una segunda frase que dice: *Un método paso a paso para construir un negocio exitoso.*

En casos de novelas o historias simplemente el título basta, pero debe ser bien atractivo; quizás cuando el nombre del autor es famoso no requiere de mayor información.

Soltera o Soltero?

Como encontrar mi pareja perfecta en sólo 90 días.

Revelaciones científicas demuestran como entrar al mundo espiritual y poder crear tu relación de pareja ideal.

Incluye los secretos de más de cientos de libros de auto-ayuda, cursos y talleres.
✓ Sencillos ejercicios (pasos a paso)
✓ Guía práctica y hojas de trabajo
✓ Contiene la verdadera historia de los autores

Ing. Lisett Guevara,
Ing. Jim Gulnick

90 DÍAS DE DESAFÍOS

Cómo lograr los resultados que quieres en solo 90 días

Un método paso a paso para construir un negocio exitoso

Lisett Guevara
Jim Gulnick

SOLUTIONS

90 Días de Desafíos   Ing. Lisett Guevara   Ing. Jim Gulnick

Dependiendo del tipo de libro que deseas escribir o ya estás escribiendo, el colocar la biografía representa un punto importante para el lector. Esta la debes hacer en todos los casos para el momento de registrar el libro. A las editoriales les interesa saber quién es el autor de la obra.

Si bien has visto que en los cuentos o historias, así como las novelas, muchas veces no incluyen la biografía del autor en el texto, en los demás casos como libros de no ficción, de investigación, información técnica, guías, historias, etc., sí lo incluyen.

La biografía debe ser condensada, expresar lo más resaltante de tu carrera, tanto profesional como personal. Hay clientes nuestros que nos entregan libros de autoayuda y aunque su profesión no sea necesariamente la de psicólogos o terapeutas, su experiencia de trabajo y de vida en ayudar a otros les ha dado la posibilidad de documentar un libro. Entonces, le recomendamos colocar esas vivencias de forma tal que el lector comprenda el valor de la información a través de la experiencia del escritor.

A algunas personas les agrada incorporar una fotografía del autor, de manera que el lector se haga la idea de cómo es el escritor de la obra. Mientras más ilustrativo y preciso seas en quién tú eres, puedes captar más seguidores, de otra manera pudieras pasar desapercibido en este inmenso mundo de los escritores.

La biografía puede colocarse en la contraportada o en la parte interna del libro, bien al principio o al final. La organización de la información en la biografía debe brindar confianza al lector para adquirir el libro y generar mucho interés en leerlo.

Contraportada

En la contraportada del libro debes complementar la información acerca del tema de tu libro, sea con frases cortas, imágenes, hasta recomendaciones de otras personas que tú quieres resaltar para hacer entendible el contenido del texto.

Aquí es importante mantener la armonía del diseño de la portada y la contraportada que debe invitar a transitar de manera sencilla con colores, letras e imágenes que sugieran continuidad. Recuerda que debes dejar espacio para colocar el ISBN que es el número de registro de tu libro, así como el código de barra.

Dependiendo del número de páginas que contenga tu libro, evalúa la información que vas a colocar en el lomo del mismo. En caso de que sea muy delgado no recomendamos escribir nada, pero si tiene un espacio conveniente en el lomo, debes colocar el título y quizás tu nombre.

Ejemplo de nuestra biografía y contraportada

"Cambia en un instante el enfoque de tu empresa y comenzarás a ver los resultados de inmediato"
- Lisett Guevara

Experiencia y Educación

- Administración de Negocios
- Ingeniería en Electricidad
- Ingeniería Industrial
- Ciencia en Educación
- Psicología Organizacional
- Ingeniería en Información

90 DaySolutions, LLC.

90 DaySolutions LLC, proporciona auditorías, entrenamiento a los empleados, recomendaciones para la mejora de los procesos y la documentación de sistemas de gestión de la calidad. Desde el año 2000, ha proporcionado consultoría a más de setenta (70) empresas pertenecientes a la listas de las primeras 500 empresas de clase mundial. Clientes en las especialidades de energía, gas, petróleo, automotriz, salud, bienes de consumo, alimentos, educación, gobierno, servicios financieros y las industrias de telecomunicaciones. La variedad de clientes se ha extendido por el mundo, desde pequeñas empresas con operaciones privadas hasta las grandes multinacionales. Muchos clientes buscan obtener la certificación ISO (International Standard Organization) en los sistemas de gestión, mientras que otros tratan de desarrollar una visión clara, definir la misión del negocio, obtener la estrategia para conseguir el camino, motivar a los empleados, y así lograr nuevas metas ..

Lisett Guevara

Lisett Guevara, tiene un nivel educativo doctoral en educación, una maestría en ingeniería industrial, y es ingeniera en información. Lisett cuenta con más de 18 años de experiencia como profesora en los niveles de pregrado y postgrado, ha liderado e implementado proyectos educativos sobre: trabajo en equipo, normas de negociación, comunicación efectiva, y ayuda a poner en práctica estrategias para descubrir la eficacia de las personas. Desde 1998 se ha desenvuelto como consultor experto en negocios, entrenador (Coach) y mentor, ella también ha ayudado a más de 200 empresas y 1.500 parejas e individuos.

Jim Gulnick

Jim Gulnick, cuenta con más de 20 años de experiencia en el área de los negocios, en las áreas de operaciones, finanzas y ventas, en empresas de diferentes tamaños y de diversos sectores industriales. Jim tiene una maestría en administración de empresas y es ingeniero en electricidad con un recorrido educativo que culmina en un doctorado en Psicología Industrial y Organizacional. Cuenta con la habilidad de combinar los procesos lógicos e industrializados con el arte del marketing y la psicología.

Ambos autores juegan un rol interesante en la creación de este método de transformar su negocio en solo 90 días. Entre la mezcla de conocimientos, actitudes, habilidades, destrezas y experiencias usted será guiado en el maravilloso viaje que cambia instantáneamente su enfoque del negocio.

Sea lo que usted cree

90daysolutions.com

SOLUTIONS

ISBN 978-0-984-80004-9

5 2 4 9 5 >

9 780984 800049

Las más comunes en el mercado se clasifican en:

1.- Cubierta blanda

     - Pegado o con costura.

     - Engrapado.

     - Espiral.

2.- Cubierta dura

     - Pegado o con costura (simple).

     - Pegado o con costura (cubierta adicional de papel glasé).

     - Espiral.

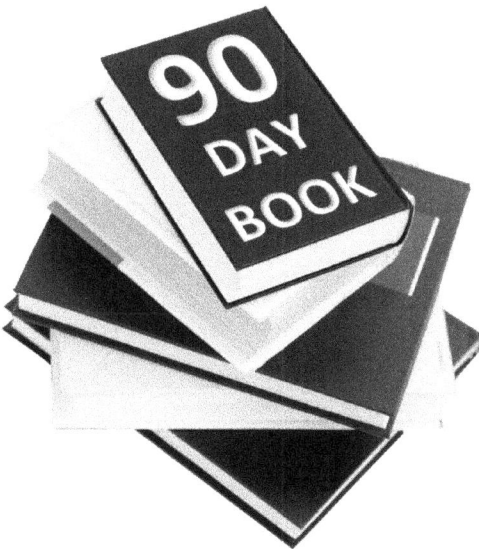

Capítulo X:

Registra tu derecho de autor

En esta parte debes ser muy precavido, ya que deberás entregar tu libro a una editorial o empresa de publicaciones, y hemos conocido casos de organizaciones fraudulentas que luego de que les entregas el escrito y el dinero para los registros, desaparecen.

Por otro lado, a veces recibimos un material que, según el autor, ya está listo para publicar, pero al momento de hacerle una revisión por parte de nuestro equipo de profesionales, notamos que el material tiene información de otros autores sin el correcto manejo, que la comprensión del contenido se hace complicada, o que existen problemas de gramática y ortografía, etc. En ese momento ofrecemos algunos servicios dependiendo de los requerimientos del contenido.

En el caso de una empresa editorial, cuando entregas tu contenido, esta simplemente aprueba o no el libro para ser publicado. Esto toma en algunos casos meses de espera, sin saber si al final la empresa es real o no, o simplemente devolverán tu contenido tiempo más tarde y estarás en el punto inicial del proceso.

El **derecho de autor** es un proceso para la protección de tu contenido bajo las leyes del país en el que deseas registrar tu obra. Las mismas deben ser obras originales del autor, tales como literarias, dramáticas, musicales, artísticas, etc. La ley de derechos de autor concede la titularidad de los derechos exclusivos al autor o la posibilidad de autorizar a otros al manejo parcial o completo del elemento que se está registrando.

Cuando entregas tu documento a una editorial o empresa de publicaciones, ellos realizan el registro de los derechos de autor y dependiendo del convenio que establezcas con ellos, se acordará quién tendrá la exclusividad del contenido.

En otros casos puedes querer establecer los derechos de autor por ti mismo, si estás interesado en la autopublicación de la obra. De ser así, deberás realizar una serie de trámites que pueden hacerse por vía electrónica o físicamente al llenar la información requerida, el pago de la tasa correspondiente, los cargos de registro y la presentación de la obra en los formatos requeridos.

Cómo obtener el ISBN

EL ISBN es un número de identificación internacional único para las publicaciones. De esta forma, este único número permite evitar errores de copia y clasificar el formato del contenido, sea impreso o digital, así como el tipo de contenido, estilo de portada, etc.

A el libro se le debe asignar un ISBN para ser publicado. No puede ser vendido en una librería, impreso, o incluso publicado como un documento digital para los dispositivos electrónicos sin tener un ISBN específico. Este es adquirido a través de una agencia que legalmente asigna esos números. Otros compran ISBN a granel y lo venden o suministran cuando publican su libro.

Este código facilita la actualización de las bases de datos y directorios de libros a nivel internacional, permitiendo la fácil clasificación, ubicación y comercialización. Cuando realizamos la compra del ISBN, simplemente nos facilitan un número que establece el sistema dependiendo de la clasificación del texto. Posteriormente, debemos convertir el número en código de barras para la fácil lectura digital. A través de este código es como se controla la comercialización y venta del libro. Entonces, dependiendo del acuerdo que estableces con la empresa de publicaciones, comenzarás a percibir ingresos por la venta de tu libro.

En el caso de que tu obra sea publicada tanto en papel como en digital, para cada uno de los casos es necesario establecer un número diferente de ISBN. Para el caso de libros que serán vendidos en distintos países es importante verificar las condiciones de cada país, si el mismo número aplica, o si es necesario asignar un número nuevo para ese país en particular. Toda estas condiciones debes tomarlas en cuenta al momento de establecer tu mercado y saber dónde desea distribuir tu texto.

Cada vez que el libro sea publicado en una nueva forma, se requiere un nuevo derecho de autor y un nuevo número ISBN. Este último se debe incluir en la presentación del libro ante la oficina de registros de los derechos de autor. Para esta parte te recomendamos que busques expertos en la materia. También hay mucho material en internet que te puede ayudar a conocer las distintas condiciones para el registro de tu obra.

7 24353 78382 2

Notas

Capítulo XI

Cómo publicar tu libro

Te podemos dar muchas alternativas para la publicación, desde la búsqueda de una empresa de publicaciones hasta tu propia publicación directa. Hay distintas maneras de obtener la publicación de tu libro, por ejemplo: editores profesionales, casas editoras y la autopublicación, entre otros.

Un editor profesional acepta pocos manuscritos y por lo general no permite envíos no solicitados. Autores desconocidos pueden esperar meses para finalmente escuchar el rechazo y muy posiblemente no recibir cualquier comentario.

Si lo que deseas es la publicación rápida de tu manuscrito y que este sea aceptado por un editor, entonces debes estar constantemente llamando o enviando correos electrónicos a un representante literario, quien probablemente te pondrá en contacto con lo que se conoce como casa editora. La casa editora hará que tu libro sea impreso. Son empresas de alto precio de publicación que te dirán que tu manuscrito es bueno y te venderán un proyecto legal o contrato de acuerdo sobre los beneficios de tu libro. Te muestran cómo funciona con un par de pequeños autores conocidos que lograron buena cantidad de ventas exitosas y te prometen la oportunidad de trabajar con su mismo equipo de profesionales por determinado precio. Muchas de estas empresas ayudan a conseguir los derechos de autor de tu libro y el ISBN. Pero espera, conseguirán estos derechos en su nombre y por lo tanto los poseerán y te darán solo una pequeña porción de las ventas. Estas firmas definitivamente te brindan el trabajo de publicación, pero te dejan por tu cuenta después de que el libro está impreso.

Muchos autores recurren a la autopublicación después de no tener éxito con las editoriales y de leer las críticas de las casas editoras. En la autopublicación el autor es responsable de la edición, creación de una cubierta, el formato, la obtención de los derechos de autor e ISBN, y de la búsqueda de un servicio de impresión por demanda. Esta es la solución de bajo costo una vez que has pasado la experiencia del ensayo y el error.

Existe una solución híbrida que llamamos publicación directa. Es cuando una organización profesional ayuda a que el autor realice la autopublicación. Este tipo de organizaciones prestan los servicios de entrenar a los autores, proporcionan guías para la escritura del libro, asisten en el desarrollo de la cubierta, las revisiones y ediciones, y llevan de la mano a los autores a través de todos los procesos para la publicación.

Esta última es la que hemos desarrollado en 90daysoulmate.com Llc, pues el concepto de darle libertad a nuestros clientes para colocar su libro en Amazon y que tengan el control de verificar las ventas ha sido quizás un elemento que nos diferencia de muchas otras organizaciones de publicaciones. La desventaja en estos casos es que el autor debe realizar el mercadeo de su propio libro. Simplemente colocamos el libro disponible para el manejo y control por parte del autor, y no hay ningún tipo de porcentaje o beneficio que el autor deba distribuir.

Sabemos que no es tarea fácil la venta de un libro de manera masiva. En este momento en el que ya debes tener casi listo tu libro, déjanos informarte que quizás necesitarás tanto esfuerzo para mercadearlo y hacer de tu libro un *best seller* como el que realizaste al momento de escribirlo. Pero no te desanimes, solo queremos ponerte en alerta acerca de los nuevos retos que vas a enfrentar de ahora en adelante, ya con el libro listo, registrado, y publicado. Los nuevos desafíos de mercadear tu libro serán parte de la misma disciplina que tuviste al escribirlo.

Decidir entregar tu libro a una empresa editorial y negociar los derechos puede ser un camino más cómodo, pues ellos tienen el trabajo de realizar parte de la promoción y distribución. Esto te beneficiaría enormemente ya que harán que tu libro esté disponible en muchas partes. Pero el hecho de que lo entregues a una editorial no significa que debas quedarte sentado a esperar los resultados. Tu labor de promoción, y publicidad debe ser parte de la acción constante a seguir.

Los clientes con quienes hemos trabajado han desarrollando muchas ideas de promoción, creando seminarios, asistiendo a entrevistas de radio, televisión, realizando reuniones de lectores en librerías, pagando a empresas de relaciones públicas para promocionar imagen en medios, realizando artículos gratis para medios de información, etc.

Existen muchos medios para promocionar y, como lo indicamos en el capítulo VI acerca de quién es tu lector, podrás desarrollar estrategias que te permitan establecer un plan de mercadeo efectivo en el que lo más importante sean las buenas ideas más que el dinero que cuentes para invertir.

Para la efectividad de tu promoción es importante que tengas tu libro en distintos formatos, tales como audio, digital y papel. El hecho de que las personas puedan escuchar tu libro mientras manejan o que puedan comprar en línea y leerlo en un dispositivo electrónico te hace más versátil. Mientras más productos tengas, más oportunidades tienes de penetrar distintos tipos de mercados.

El transitar por este mundo de los escritores nos deja la sensación de que los autores han desarrollado y establecido un legado, una huella que es única y que puede ayudar a muchos. Bajo ese concepto debes reflejar tu promoción, debes hacerle sentir a tu público que estás dejando un aporte, una ayuda que de alguna u otra manera será retribuida.

En ocasiones nos hemos dado a la tarea de obsequiar el libro como parte de la promoción, porque posiblemente un seminario u otro tipo de evento abre la posibilidad para que este sea conocido. Te invitamos a jugar en el maravilloso mundo de ser un escritor que busca compartir su mensaje y *desafía la creatividad y la disciplina para lograr la fama.*

Casas Editoras

Editores Profesionales

Auto Publicaciones

Hibrido (90daybook)

Capítulo XII

Establece tu plan de 90 días

Todo proyecto tiene un plan, el hecho de que la inspiración llegue de manera inesperada según indican los artistas no quiere decir que no debas realizar un planificación para que organices y disciplines tu inspiración. Cuando desarrollas un plan te lanzas al camino con más certeza, pues sabes los pasos que debes seguir y así poder tomar las acciones necesarias; también te ayudará a darte cuenta en caso de que te desvíes de tu plan inicial. **El manejo de los tiempos, la disciplina para dedicarte al proyecto y estar enfocado en tus objetivos son las herramientas claves para el éxito de tu libro.** Queremos darte esta receta paso a paso para que logres conseguir lo que tanto has aplazado en tu vida.

Este plan ha sido implementado en muchas ocasiones y hemos tenido mucho éxito en cumplir la meta de terminar y publicar un libro en solo 90 días. A continuación se anexa un borrador del plan, el cual puedes ajustar según tu necesidad. Este está pensado para un libro de entre 120 y 200 páginas... y se puede lograr en el tiempo previsto.

DÍA	ACTIVIDAD	SEM 1	SEM 2	SEM 3	SEM 4	SEM 5	SEM 6	SEM 7	SEM 8	SEM 9	SEM 10	SEM 11	SEM 12	SEM 13
		8	15	22	29	36	43	50	57	64	71	78	85	90
1	Definir tu misión y la del libro	▓												
5	Desarrollar el plan de los 90 días	▓												
10	Competencias tuyas. Cómo desarrollarlas	▓												
11	Cuál es tu legado	▓												
12	Qué y a quién quieres ayudar		▓											
12	Con qué recursos cuentas		▓											
14	A qué le temes		▓											
15	Determina tu lector		▓											
17	Combina tipo emoción con tipo de lector		▓											
18	Desarrolla lista de atracción		▓											
19	Selecciona el estilo de redacción			▓										
19	Estructura basica del contenido			▓										
20	Desarrolla dos capítulos por semana			▓										
28	Envía los primeros a revisión: forma y fondo					▓								
30	Entiende, ajusta, repara, mejora					▓								
30	Realiza los demás capítulos						▓	▓						
54	Finaliza tu momento de creación antes de revisar								▓					
55	Envía a corrección de fondo								▓					
57	Envía a corrección de forma									▓				
59	Vuelve a revisar									▓				
60	Envía a dos amigos para comentarios									▓				
62	Prepara el concepto de portada									▓				
63	Selecciona las imágenes y el título									▓				
65	Ensambla el primer borrador de diseño de portada									▓				
66	Busca ayuda profesional si lo necesitas										▓			
68	Genera el texto para copyright										▓			
70	Tramita el ISBN										▓			
72	Convierte ISBN en bar code para la portada											▓		
78	Ensambla portada y texto											▓		
80	Regístrate en el website para publicar											▓		
85	Envía la información y pasa tu versión en papel y digital												▓	
90	Espera tu publicación													▓
90	Prepara tu plan de mercadeo													▓

Día 1:

Para seguir este plan puedes ver qué actividades debes realizar cada día. En el día uno debes definir tu misión y la de tu libro, allí debes simplemente escribir cuál consideras es tu misión de vida y cuál será la misión de tu libro.

Día 5:

Simplemente debes hacer un plan parecido al de la tabla anterior, pero ajustado al tamaño de tu libro, es decir, la actividad del día 20 (desarrollar dos capítulos por semana) puede variar si tu libro tiene mas de 200 páginas y más de doce capítulos. Entonces, haces ajustes para que la actividad del día 30 (realiza los demás capítulos) pueda alinearse a tu objetivo.

Día 10:

Aquí debes realizar el ejercicio del capítulo VII sobre determinar tus competencias y conectarlas con el libro que quieres escribir. Es entonces cuando desarrollarás el material para los siguientes días.

Día 11-12:

Cuál es tu legado. Revisa de nuevo el capítulo III donde posiblemente hiciste notas y busca aquello que te permita establecer claramente, basado en la misión que estableciste, el legado que deseas dejar. Con estas notas puedes describir a quién deseas ayudar con tu libro. Busca también tu ejercicio de "Accionas tus ideas" donde utilizaste el mapa mental y describiste las áreas que deseas desarrollar. El día 12 verifica los recursos con los que cuentas. Descríbelos muy bien, pues los vas a utilizar tanto para el desarrollo de tu libro como para la venta del mismo. Es importante que tengas este documento siempre a la vista, en tu puesto de inspiración, pues te recuerda el camino que debes seguir.

Áreas	Recursos	Cómo conectarlos

Día 14:

A qué le temes. Es la lista negra de autosabotaje; es importante que la tengas también a la mano, pues en el momento en que los fantasmas del sabotaje aparezcan, tú simplemente revisas tu lista de aquello a lo que le temes, y esos fantasmas desaparecerán. Nosotros realizamos ejercicios en nuestro seminario en los que el participante desarrolla la lista de las cosas a las que teme y que pudieran frenar el desarrollo de su libro. Luego agrega columnas a esa lista en donde describas "por qué", "cuándo", y finalmente "cómo minimizar el temor". Es asombroso cómo una vez que los descubren pierden su poder para sabotear tu proyecto.

Lista negra del autosabotaje			
Cosas a las que temes	¿Por qué?	Cuándo	Cómo minimizar el temor

Día 15:

Determinar tu lector está muy bien documentado en el capítulo VI. Describe cada parte de la información que se te indica en ese capítulo. Algunas personas asumen que saben las respuestas y no llenan la información. Te recomendamos que escribas y escribas, pues es la mejor manera de ver la información que posees. Recuerda que la tasa de olvido es alta. La información que está en tu mente es susceptible de olvidarse, transformarse en segundos. *Si no documentas tus ideas estás en riesgo de convertirte en un simple soñador.*

Día 17-18:

En base al tipo de lector y cómo te conectaste con tus habilidades te será posible determinar las emociones que puedes usar para hacer que tu libro sea adictivo para el lector. Aquí puedes crear una lista de elementos que hagan atractivo tu libro, y así conocer cuál será tu estilo.

Día 19:

Con todos los datos organizados, para este momento ya debes establecer una estructura esquemática de la cual obtengas un borrador de los títulos tentativos de los capítulos que vas a desarrollar. Recuerda que tanto el título del libro como los de los capítulos pueden variar durante el desarrollo de tu trabajo. Siempre recomendamos que el título final sea determinado al momento de diseñar tu portada.

Día 20-30:

Llegó el momento de escribir tu primer capítulo. Aquí debes dedicarte únicamente a escribir sin importar la gramática u ortografía. Es momento de inspirarte y escribir todo aquello que venga a tu mente. Al terminar unas cuantas páginas, regresa al inicio y comienza a limpiar el contenido de frases redundantes, corrige ortografía, agrega palabras y revisa los signos de puntuación. Al concluir el primer capítulo y hacerle unas dos revisiones puedes enviarlo a un especialista en corrección de textos a fin de que le haga los ajustes necesarios.

Día 30-54:

Te recomendamos mantener la dinámica de trabajar a diario en tu libro. Establece un horario exclusivo para concentrarte y producir. Si inviertes diariamente de tres a cuatro horas en tu libro te garantizamos culminar antes de los 90 días. Mantener la disciplina de escribir, revisar, corregir y ajustar te da la posibilidad de avanzar al siguiente capítulo. Luego de terminar cada capítulo deberás revisarlo todo, sin interrupción, para poder determinar elementos repetidos, saltos en el tiempo, falta de información o exceso de la misma.

Día 55:

La corrección de fondo implica revisar todos los elementos de gramática, ortografía y cualquier otro detalle que puede distraer o molestar al lector. En este momento, debes buscar apoyo en otra persona, pues ya has escrito y leído tu propio contenido más de cinco o seis veces, y es difícil que puedas captar otros detalles. Busca el apoyo de un profesional o quizás algún amigo que sea buen lector y que te pueda ofrecer una corrección de fondo.

Día 57:

Corrección de forma se refiere a ajustar los textos al tamaño del formato elegido para el libro, incluir los títulos de los capítulos, tamaño de letras, tablas, cuadros, figuras, cualquier ilustración, notas de pie de página, etc.

Día 60:

Revisa cuantas veces puedas y envía ahora el libro completo para que sea revisado por otros tomando en cuenta forma y fondo de tu libro.

Día 62:

Preparar el concepto de tu portada consiste en determinar claramente el mercado al cual vas a dirigir tu libro. Analiza imágenes, colores, tipo de letras, etc. Recuerda que la portada es muy importante a la hora de presentar tu libro. Siempre recuerdo la frase que dice que las personas no seleccionan un libro, sino que los libros seleccionan a las personas. Esto se refiere a que al ver una serie de libros en un estante de una librería, alguno te llamará la atención por su portada. Entonces, sin saber qué hay adentro tomarás el libro, lo hojearás un poco y te lo llevarás. La portada es un elemento determinante en este momento de atracción.

Día 63-66

Busca imágenes, así sean compradas o diseñadas, y escribe frases que te ayuden a captar la atención y resumir todas las ideas de tu libro, si es posible, en diez palabras. Aquí también es importante buscar ayuda profesional, pues los diseñadores son personas muy creativas que tienen más experiencia en este campo. En el caso de hacerlo tú mismo, apóyate en la información del próximo capítulo en cuanto al diseño de la portada.

Día 68:

Prepara el texto en formato PDF para que sea cargado en el portal de registro de los derechos de autor (copyright). Es importante configurar el documento con los enlaces de los capítulos y el índice para el fácil uso y acceso.

Día 70-72:

Una vez que tengas el registro de los derechos de autor, inicia el registro para obtener tu ISBN. Ese número de registro debes convertirlo en código de barras para colocarlo en la parte posterior de tu libro.

Día 78:

Ensambla tu portada con el texto de tu libro en los formatos recomendados para su publicación. Dependiendo del tipo de publicación que deseas, sea en papel, digital o audiolibro, debes tener el diseño de portada y el contenido listo para ser cargado en la aplicación o sistema de publicación.

Día 80:

Registrarse en la página web donde deseas publicar tu libro requiere tiempo y pericia, ya que de la información que allí coloques dependerá el éxito para la clasificación y búsqueda de tu libro.

Día 85:

Una vez registrado en el sitio de publicación, deberás esperar por la verificación y aprobación. En caso de que el contenido tenga detalles de tamaño, nitidez, márgenes, etc., tu información será devuelta para su revisión y ajuste. Esto posiblemente te tome un par de días.

Día 90:

Cuando tu material está aprobado pueden pasar entre 48 a 72 horas para que esté disponible en las páginas de comercialización. Será entonces cuando veas el gran paso que has dado, pero a la vez será el inicio de un nuevo proceso, esta vez para establecer un plan de mercadeo que te permita promocionar y vender tu libro.

Si ya estás preparado para realizar tu plan y seguir los pasos que te hemos brindado, solo nos queda felicitarte y darte la bienvenida a disfrutar de este extraordinario mundo de los intelectuales donde conocerás el placer de crear conocimiento y compartir los infinitos recursos del saber que la humanidad necesita.

Recuerda que las ideas sin documentar serán simplemente sueños que se desvanecen en el tiempo!

Escríbelo!

www.90daybook.com